사람이 풍경이 된다

김현숙 시집
사람이 풍경이 된다

펴낸날 2025년 06월 26일
지은이 김현숙
펴낸곳 도서출판 태원
24349 강원특별자치도 춘천시 서부대성로 110-2
전화 (033)255-0277   E-mail tw0277@hanmail.net

ISBN 979-11-6349-142-2 (03810)
ⓒ김현숙, 2025, korea
정가 13,000원

이 책은 저작권법에 따라 보호받는 저작물이므로
무단 전재와 무단 복제를 금합니다.

이 도서는 강원특별자치도 강원문화재단 후원으로 발간되었습니다.

김현숙 시집

사람이 풍경이 된다

도서출판 태원

시인의 말

   사람들마다 사랑과 그리움의 표현 방식은 다 다르다. 살아온 날들을 돌아보면 내 마음은 항상 그리움으로 가득했다. 유년에 대한 그리움, 자연에 대한 그리움, 절대자에 대한 경외심도 모두 그리움이라 해두자. 그리고 하루하루 그리움은 기다림으로 바뀌며 나를 진화시켜 왔다.
   그리움은 靜的인 감정 名詞이긴 하나, 명사가 아닌 動詞인 듯도 하다. 맘속에만 머물다가도 지금은 곁에 없는 유형무형 기억의 장, 또는 한 시절의 페이지로 남은 추억과 그리움을 펼쳐내어 글로 쓰다 보면 어느새 그리움은 기다림으로 세상 속을 휘젓고 다니며 그 대상을 찾아 다니고 있는 것이 아닌가. 자연 속에서 마음의 전부를, 감정의 전부를 드러내다 보면 그리움은 어느새 한여름 장대비처럼, 한겨울 폭설처럼 다가와 마음을 흔들어 놓는다.
   온몸을 휘감는 물질적 풍요보다 그 실천이 어렵다는 安貧樂道의 정신적 풍요를 내세우며 시골로 주거지를 옮긴 지도 벌써 꽤나 시간이 흘렀다. 역시 시간이 지날 수록 자연은 위대하고 경이롭기만 하다. 자연 속에서 그야말로 정신뿐이 아닌 동물적 감각으로도 살아있음을 느낀다. 살아있음으로 인한 내 감정선은 더욱 풍요로워졌다.

그래서일까. 어떤 때는 주변의 고요함이 황홀할 정도로 온 세상의 편안함은 전부 내 것이었다가도. 어느 날은 도시를 밝히는 수많은 불빛만큼이나 마구 달려오는 무지막지한 외로움은 쓰나미가 되어 휩쓸며 쳐들어오기도 한다. 그때는 영락없이 미친 그리움도 함께 온다. 만약 외로움을 느끼지 못한다면 그리움도, 사랑이라는 단어도 태어나지 않았을 것이다.

그리움을 사랑하는 마음으로, 사랑받고 싶은 마음을 글로 표현해 내고 싶다. 그러나 나의 글은 그것을 다 담기에는 너무나 부족하다. 내 모든 글의 모토는 사랑 그리고 그리움이다.

앞으로도 나는 자연 속에서 날것의 솔직한 감성으로 미친 그리움을 표현해 내고 싶다.

2025년 초여름 신매리에서
김현숙

목 차

시인의 말 ___ 05

1부 사람이 풍경이 된다

 3월의 눈 ___ 15
 사람이 풍경이 된다 ___ 16
 그런대로 좋다 ___ 18
 붉은 담쟁이 ___ 20
 茶香 ___ 22
 뜻밖의 행복 ___ 23
 얼음꽃 ___ 24
 유월, 젊은 그대 ___ 26
 최고의 순간 ___ 28
 들꽃 ___ 30
 꽃잎 진다해도 ___ 31
 낙엽 ___ 32
 오월의 꽃 ___ 34
 억새 ___ 35
 목련꽃 봄날 ___ 36

2부 사랑 그리고 그리움

그대여 __ 39
오월의 그대 __ 40
사랑이 그리운가, 그대 __ 42
그리 아프지 않은 까닭이겠지 __ 44
기다리는 마음 __ 46
사랑 __ 48
이별 __ 49
상사화 __ 50
외로움 __ 51
장마, 그리움 __ 52
눈 먼 사랑 __ 54
솔바람 그대 __ 56
포옹 __ 58
여백 __ 59
언젠가는 __ 60
어떡하죠 __ 61
시간차 __ 62
바램 __ 64
첫눈 __ 66

3부 삶과 꿈

山 __ 71
삶 __ 72
날아 오르리 __ 74
용기 __ 76
生 __ 78
새날 __ 80
1月의 태양 __ 82
소나무 __ 84
삶, 꿈 __ 86
소소한 기도 __ 87
12월 __ 88
잎새의 꿈 __ 90
가을엔 가지를 친다 __ 92
달팽이 __ 94
천년의 삶 __ 96
大地의 꿈 __ 98
난, 날아갈 거야 __ 100
가장 아름다운 세상 __ 101
피에로의 눈물 __ 102
하루 __ 104
가을 낮달 __ 106

4부 대숲에 이는 바람소리

겨울비 __ 109
대숲에 이는 바람소리 __ 110
겨울 나그네 __ 112
봄비 __ 114
가을, 바람 __ 116
어느 날 __ 118
단풍 __ 120
3월 __ 122
봄은 __ 124
바람 __ 126
청평사의 가을 __ 128
겨울나무 __ 130
변덕쟁이 바람꽃 __ 132
노을 __ 134
복수초 __ 136
저녁 __ 138

5부 시간이 멈춰 버린 곳

사람이 아름답다 __ 141
안녕하신가요? __ 142
위로 __ 144
여행지에서 __ 146
가끔은 __ 148
하루를 보낸다는 건 __ 150
속죄 __ 152
말(言) 무너지다 __ 154
시간이 멈춰 버린 곳 __ 156
이승과 저승의 경계에 서서 __ 158
관찰자 __ 160
비명 __ 161

에필로그 __ 162

김현숙의 시 세계 __ 164

1부

사람이 풍경이 된다

3월의 눈

성급히 꽃망울 터트리던
꽃잎이 발목 잡혔다
3월의 대지 위
雪國으로 가는 막차에
봄은 발동동
눈꽃 들고
다시 몸을 싣는다

버들 강아지
솜털모자 다시 씌워 주고
눈발에 얼지는 않을까
시새움하는
함박눈에 눈을 흘긴다

잠시 엉켜 버린
봄날의 꿈
조금 늦게 도착하면
어떠하리
봄의 향기 꼭 쥐고 있는
너의 이름은
어여쁜 꽃이거늘

사람이 풍경이 된다

숲이 뭉텅뭉텅 초록물 뿌려대면
하늘품 넓은 나무 사이로
나뭇잎 춤추게 하는
바람 부는 그곳에선
사람은 풍경이 된다

납작 엎드린 오솔길 따라
수줍은 풀꽃의 머리칼
쓸어 흔들어 주는 한 자락 바람

산새들 쉬었다 갈까
퐁퐁 솟아나는 숲속 옹달샘
계곡물로 매일 낯을 씻는 돌멩이
햇빛에 반질반질 말갛다

누구의 소원일까
얼기설기 정성스레 쌓여 있는
돌무지 탑들
그곳에선 언제나
사람도 풍경이 된다

산 그림자 길게 내려오는 해 질 녘
몸 뉘여도 누추하지 않은 오두막집
모락모락 올라오는
저녁밥 짓는 굴뚝 연기마저
소박한 풍경이 되는

시간이 멈춰 버린 그곳에선
사람도 숲이 되고 풍경이 된다

그런대로 좋다

눈도 내리지 않는 밤
스산히 울어대던 바람이
지쳐 나뭇가지 사이로 숨어들면
적막한 마당에
반짝이며 수북 쌓인 별들 위로
달빛이 휘영거린다
별이 빛나고 달빛 너울거리는
겨울밤 그런대로 좋다
잊었던 별자리 이름이 기억나
바라보고 있으니
마음이 차츰 덥혀져 온다

막아서서 오지 마라 해도
급히 서두르며 오고야 마는 세월의 잰걸음
이름이 잊히고 기억도 잊히고
다음엔 사람도 잊혀 가는가
잊힌다는 건
세상과 점점 멀어진다는 것이겠지

잊힐 리 없는
무한히 반짝이는 별
마음 시린 계절이어도
오늘 밤은
별이 있어 달이 있어
그런대로 좋다

붉은 담쟁이

하늘에 닿은 고독의 벽
넘을 수 없다고 모두 말했지

태워버릴 듯한 햇빛에 포기할까
폭풍우 몰아치는 날 천 개의 잡은 손 놔버릴까
이슬 한 방울에 목을 축이고
바람 한 톨에 땀을 식히며
푸른 잎 그 벽을 다 덮을 때까지
사력을 다해 기어오른다

마침내
절망으로 뒤덮인 고독의 벽
푸른 잎으로 다 덮었어도
다시 스멀스멀 휘감아 오는 고독은
어쩌지 못해 시선은 벌써
다른 벽을 기어오르고 있다

환호의 박수소리
어느샌가 달려온 가을햇볕
붉은 옷 입혀주며

두 뺨에 입 맞추고 잘했다 잘했다
붉은색 화관 씌워주니
마술인 냥 빨개진 얼굴 고웁디 고와도
내 슬픔 어디에 매달을까

茶香

찻물 끓이는 시간
겨울은
그윽한 차향이
커피향보다
따숩다

창밖은
흰 눈 내리고
바람이 분분히
눈발 흩어버리는
시린 겨울엔
차향도 다정하다

바람 지날 때마다
야윈 나뭇가지 울어대면
찻잔에 번지는 적막

겨울 나그네에
따스한 차 한잔 권하고 싶은
겨울밤이 깊어간다

뜻밖의 행복

겨울비 내리면 좋겠다
아니
봄비 였으면

지리한 겨울
흙먼지 뒤집어 쓴채 지쳐가는 나무
마당 한쪽 시큰둥 서 있다

입춘 지난 어느날
봄비 대신
빛나는 눈꽃이 피었다
한잎 한잎 눈송이 빛이나고
나무는 잊혀져가던 자신의
아름다운 모습에
우쭐해진다
잉잉거리던 바람소리
잦아들고

봄꽃 대신
빛나는 눈꽃의
뜻밖의 행복이라니

얼음꽃

유리창에 피어 난 얼음꽃
창백하고 도도한
참 아름답고 슬픈 꽃

하늘과 땅 사이
純白으로 덮이면
그토록 긴 시간
기다리다가
하얀 눈송이 허공에서 서로 만나
부둥켜 안으며
얼음꽃으로 피어 났지만

만남의 시간은
너무나 짧고 아쉬워

겨울해 떠오르면
긴 나락속으로 떨어져
녹아 내리는 얼음꽃

해가 뜬다
또다시 이별의 시간
눈물이 앞을 가려
작별의 인사도 나누지 못해

봄 가고 여름 지나
가을의 노래
자취를 감춰 버리면
우리 그때 다시 만날 수 있겠지

일년을 기다려야 다시 만나는
얼음꽃 가슴아픈 사연
겨울 해야
너는 아느냐

유월, 젊은 그대

여름이 익어가는 들녘엔
감자꽃 하얗게 서러운데
한낮의 게으른 바람은 한가로이
낮잠을 즐긴다

청보리 노란 물결 넘실거리고
양귀비꽃 빠알간 수줍음도
곱디곱게 하늘거리면
동구밖 밤나무
꽃 향기 흐드러진다

연둣빛 나뭇잎에
성글게 떨어지던 빗방울도
유월의 초록으로
숨 펄떡거린다

한여름
뜨거운 태양볕을 쫓는
젊은 그대 유월이여

초록의 노랫소리 짙어진
그늘 아래서라도
짙푸르게 물든 강물 위에서라도
잠시 쉬었다 가도 좋으리

그대 따라가는 바람
지치지 않게

최고의 순간

찬바람 싸늘하고 가을 깊어도
구절초 들국 수줍은 꽃잎 벙글어지고
하늘거리는 꽃잎 휘날려 가 닿을 수 없는
시리도록 푸른 하늘
바람의 노래에
빙그르르 맴돌며 춤을 추는
노오란 은행잎 쏟아져 내리면
가을의 마지막 탄성
최고의 순간이 만들어진다
끓어오르는 다하지 못한 말 내뱉기도 전에
마음속 서러운 것을 갈바람에 씻어 내기도 전에
아! 가을은 깊어만 가는구나
가을 깊어지면 황혼도 금세 기울어 가리니

가을빛으로 물든 저녁놀
갈대숲 사이로 숨어들면
시들어 가는 외로운 영혼은 깨어나
오래도록 어둠에 귀 기울인다
이윽고 별들의 빛나는 적막과 고요
그 별빛만으로도 밤하늘은

최고의 순간이 된다
그때서야
내 삶의 최고의 순간은 오지 않았다고
못다 한 말 토해내며
설운 맘 별들에게 일러바친다

별들은 나를 다독이며 위로한다
우리 모두는 최고의 아름다움을
간직하고 있어
지금 지나는 이 시간이 바로
최고의 순간일지 몰라
가장 아름다운 최고의 순간은
최고의 슬픔을 간직하고 있다고
그러니 제발 서러워 말라고 외로워 말라고

들꽃

가을엔 들꽃이고 싶다
이름 모를 꽃들이여

서로 뒤엉켜 끌어안고 핀
들꽃이고 싶다
혼자 눈에 띄지 않고 피어
아무도 거들떠보지 않아도
마음 가득히는
사랑으로 물들였고
바위아래 다소곳이
그리움 간직한

내가 널 놓을 수 없듯
너도 날 잊을 수 없어.
하늘에 닿을 화려함은 없어도
들판을 가득 채울 향기는 없어도
지나는 이들의 미소에
수줍어하는
들꽃이고 싶다.

꽃잎 진다해도

고운 빛
꽃잎 진다해도
붉은 언약 잊지 않았으니
슬퍼하지 마오
서러워 마오

꽃잎은
마른바람 붙들고
허공을 맴돌며
고개 떨구니

사방에 그윽한 고운 향기
초록 물결 금빛 햇살 사이로
흩어져 날아간다

저 뒤에서 울먹이던 봄
눈물 훔치며
손을 흔든다

낙엽

봄햇살에
화사하게 얼굴 붉히던 봄꽃 시샘하여
더 예쁘게 단장하였더니

어느덧
풋풋한 봄꽃의 어여쁨도
여름날 초록의 싱그러움도
단풍잎 곱던 화장도
다 지워져 버리고
세월의 덧없음이야
무엇으로 말하리요

수북이 쌓인 낙엽은
누워서 하늘을 본다
발끝을 적셔오는 회한
찬바람에 몸을 뒤척이며
지금은 떠날 때인가
채비를 한다

먼 산능선에 눈구름 모여들고
하얗게 찬서리 내리면
이별의 아픔을
눈물처럼 뿌리우며
돌아가야 하는 것을

오월의 꽃

바람에 흩날리던 꽃잎
잠시 머뭇대다가
그리움만 남긴 채 사라져 간다

가는 너를 붙잡지 않은 건
그리움으로 내가 살아가기 위해서이다
세상은 그렇게 살아지더라

두 눈 가득 그리움으로
이 길 떠나지 못하고 서성이는 건
봄날 골짜기마다에 흐드러질 너를
맞이하기 위해서이다
세상은 그렇게 살아지더라

억새

저무는 가을강가
은은한 빛으로 손 흔드는 억새풀

먼데서 불어오는
여름날 이야기
뙤약볕 아래 타들어 가던 아픔도
웃으며 돌아볼 수 있어
밤하늘 별을 바라보며
어깨를 기댄채
서로를 보듬어주는 억새풀

한날 피었다 지는 꽃이 아닌
폭풍우 몰아치는 날에도
부둥켜안고 눈물 참고 참다가
새하얗게 토해 낸걸까
작은 바람에도 흔들리다가
지는 가을 차갑게 붉어지는
한줌의 햇살에도
은빛 물결 서로를 빛나게 하고

억새풀 가을하늘 메아리친다

목련꽃 봄날

후두득 봄비가
101동 창들에 와글와글
하얀 목련 꽃등 달아놓고 지나간다
부지런한 봄햇살 꽃등에 촉을 밝히니
그 향기 넘실넘실 102동으로 날아들고
향기에 물든 사람들의 얼굴에
목련꽃 환한 웃음 몽글몽글 번지는
황홀한 봄이다

아파트 단지엔
온통 봄꽃의 웃음소리
목련 꽃 그늘아래선
톡톡 팝콘 터지듯 아이들의 깔깔깔 웃음소리
팡팡 터지다 싱그럽게 날아오르고
봄꽃향기에 맘껏 취한 투명하고 맑은 햇살
꽃등의 미소 닿지 않는 곳까지 어루만지며
가없이 부드러운 봄하늘 만들어 내는

봄날의 목련
황홀한 서정이라니

2부

사랑 그리고 그리움

그대여

어디에나 있고
어디에도 없는
그대여

오월의 그대

초록은
가쁜 숨 몰아 쉬며
산을 타고 올라 간다
초록빛 풀내음
싱그러운 나무내음
오월 하늘에 닿는다

풀내음 듬뿍 찍어
그대 어여쁜 얼굴 그리고
나무 내음 크게 떠서
사랑스런 몸짓 그려내면
눈부신 오월 어디에서나
수채화 같은 그대

그리운 맘 점점이
그대 두눈에 반짝이는 별빛으로
그려 넣고
솔잎 위 바람 한점
불어 넣으면
마침내 웃고 섰는
싱그러운 그대여

눈을 떠도 감아도
어디에나 있는
오월의 아름다운 그대여

사랑이 그리운가, 그대

늦가을도 깊어가는 밤
빈 가지 사이로 떠오른 하이얀 달.
외롭고 적적하니
달빛은 점점 더 희어지고
별들도 고요하다
떨어진 달빛에 강물은 더 차지고
차가워진 강물 위
바람은 으스스 몸을 떤다

그대!
잠 못드는 이여
사랑이 그리운가
발목까지 시려오는 외로움
살아있는 모든 것들
밤의 고요속으로 빠져드는데
그대 어찌 홀로 깨어 사랑을 기다리는가
아! 달도 이젠 저물어
달빛은 잰걸음으로 담장을 넘는다

이 밤이 가고 날이 새면
어느새 소리 없이 내려앉은
서성거리던 겨울
찬바람 눈보라로 몰아칠 터

그리 아프지 않은 까닭이겠지

조금만 간직하려오
조금만 가져가려오

가슴 벅차도록 쏟아져 내리던
다 담을 수 없던 이름
사랑아

먼산에 꽃물이 오르고
천지가 봄빛으로 물들던
눈물처럼
봄꽃 향기 눈 안에 가득 고이고
내게로 봄바람 다시 불어 온대도

설레어 가슴 뛰었던 사랑
잡을 수 없어 목놓아 울었던 그 사랑
가슴깊이 새기어진 죽도록 고왔던 사랑
이젠 바라만 보려 하오

천 년 전에
나 그대를 만났을지 몰라
천년 후에도
나 그대를 만날 수 있으리니

사랑
세월과 함께 옅어져 간대도
그리 아프지 않은 까닭이겠지

기다리는 마음

발꿈치 들고
길어진 모가지 쑥 빼어
암만 기다려도
당신은 오지 않네요
기다림이 길어지니
그리움은 더욱 더 커져만 갑니다

당신의 귓가에 닿을 수 있도록
노래를 부를게요
당신의 머리칼을 쓸어 넘기는 바람결에
그 노래 실어 보내면
당신은 고개 돌려
기다림의 끝을 잡아줄까요
우리의 만남
아직 기약은 없으나
오신다는 그 약속으로
늘 설레입니다

그러다
기다림은
사무친 그리움으로
원망하는 마음으로 바뀌어
바람 선 낯선 거리
고요한 아우성으로
섧습니다

사랑

너는
멀리 있어
그립고

나는
네가 보고 싶어
서러워

난
오늘
홀로
외롭다

이별

사랑하는 사람이여
나
오늘 여길 떠나
나의 하늘로 돌아가도

남기어진
내 발자국..

한참을
여기 서성이리

아! 사랑하는 사람이여

상사화

숨죽여 속삭여봐
숨죽여 귀 기울여봐

아!
들릴 듯 들릴 듯
아련한 그대 목소리

가까이 있으나
백리길보다 멀고
잡힐 듯 잡힐 듯 하나
천리길보다 먼 그대 목소리

외로움

가로등 불빛에 떠밀려
창을 휘어감는 나무 그림자
미끄러졌다 다시 비치고
미끄러진다

창밖은 차가운 비 오고
빗소리 길게 누운 나를 타고 날아 다니다
벽을 보고 운다

외로움을 가르는 빗소리에
문득 멀리 가버린
겨울 어딘가를 지나고 있을
바람 소리를 생각 한다

주말 여행을 마치고
돌아온 것처럼
너는 다시 내게로 와 줄거라고

비 그치면
난 다시 아무렇지도 않은 듯
아침을 열겠지

장마, 그리움

그렇게도 많은 별
와르르 떨어지더니
하늘 둑 터졌나 보다
그리운 마음도
쏟아져 내린다

흠뻑 젖은 별들이
처마끝에 매달려
마른 햇살 기다리는데
아는 지 모르는 지
무심한 빗줄기
눈물처럼 흐른다
무지개는 뜰 것인가

빛과 어둠은 똑같은 크기로
번갈아 오가니
빗줄기 잦아 들고
지금은 빛의 시간

금빛 태양이 솟아
젖어버린 그리움
다 말리고 나면

별은 또 어느새
그리움의 눈망울
반짝이겠지

눈 먼 사랑

장미
불꽃 쏘아 올린다

잔잔한 바람 사이로
장미꽃이 쏘아 올린 향내
햇살도 눈이 부시다

화려한 불꽃놀이
그림자 아래서도
즐기지 못 하는
눈 먼 한사람
축제의 장에 그의 자리는 없다

한 곳만을 바라보던
눈망울은 불나방처럼
불꽃으로 뛰어 든다

끝없는 갈증과 공허함에
무작정 마셔 버린 것은

눈을 멀게 한
사랑의 묘약이었나 보다

길을 잃었다

장미 향기
온통 세상이 밝아 온다
봄하늘 올려다 본다

생각의 잡음들
단숨에 빠져 나간다

솔바람 그대

사랑하는 이여

그대는 모르리
솔향 그윽한 그대를
얼마나 그리워 하는지
그댈 생각하면
푸르고도 드높은 하늘 솔바람
빈가슴으로 불어 온다

솔숲에 노닐던 바람
누구와도 섞이지 않으나
누구와도 잘 어울리는
모자라지도
넘치지도 않는 향기

솔바람 그늘 아래 서면
내 마음도 송진 진한 향내
묻어날 것 같은 그리움

그대 그리워 뒤돌아 보면
불어 오는 솔바람 소리

사랑하는 이여
그댄 아마 모르리
나 그대를 기다리던 날

솔바람 어디선가
불어 오고 있었음을

포옹

내가
널 안으면
너의 향기 내게로 와

내가
너로 숨을 쉬고

네가
날 안으면
내 작은 숨결마저 네게로 가

내가
너의 가슴에서 타버린대도

여백

내마음 빈자리
여백으로 두렸더니

그대 그리움
물밀듯이 몰려온다

언젠가는

새벽 하늘 열리면
별빛에 젖은 안개비
외로운 강 건넌다

언제쯤
그대의 가슴속에
소용돌이치는 물살이 되어
그리운 사람으로 남을 수 있을까
그리운 마음 새벽 하늘로 흩어진다
새벽을 여는 그대와
안개처럼 흩어지는 나는
서로 엇갈린 시간을 살고 있었구나

언제쯤
같은 하늘 같은 시간 안에서
우린 서로의 가슴에
그리운 사람으로 남을 수 있을까

언젠가는, 언젠가는

어떡하죠

사랑이
하늘 빛 강물더러
같이 가자 하네요
바람 실은 봄볕이랑
고운 비(雨) 봄꽃이랑
같이 갈 거라고

사랑은
그리운 맘 외롭다고
같이 가자고
길모퉁이 수줍은 기다림도
데려 가자고

소낙비 내리고
낙엽길 쓸쓸하고 외로울때도
함박눈 쏟아지는
허허벌판 지나 올 때도
다시 올 그때까지

사랑이
나보고 같이 가자 하네요

시간차

그리운 이여

서쪽하늘 석양이
서서히 붉어지면
내 마음 어느새 너에게로 간다
너도 서산너머 지는 해 바라보는가

너 있는 곳은 깜깜한 밤
너 곤히 잠들었을텐데

시리도록 차가운 밤하늘
낯선 도시 위로 쏟아지는
하얀 달빛이
야윈 나뭇가지 위에서
차갑게 날 내려다 본다
밤하늘 바라보며
너도 잠 못들어 하는가

아!
그곳은
청량한 바람을 타고
새벽 미명이 창틈사이로 스며들어
어김없이 너의 아침을
깨우고 있겠구나

그립단 말
달빛에 젖은 바람에게
전하려해도
엇갈리는 시간만
야속타 하고 있구나

바램

그리운 맘
달빛에 너울거린다

이 밤
발자국 소리만 살짝 내려놓고
가는 님이여

아침이면
새벽하늘 다 젖도록
풀잎 위에 이슬로

저녁 무렵
노을빛 물고 와
가슴을 쓸고 가는 바람으로

그것은
우리의 애틋한 사랑이었음을

평생을 그리워하고도
차마
그대 얼굴
지우지 못하고 잊지 못함은

언제라도
어디서라도
그대를 다시
만날 수 있게 되기를
바램이리오

첫눈

첫눈처럼
내게 온다던 붉은 언약
그대 기억하고 있었군요

게으른 새벽이
눈 비비고 잠 깨기 전에
그대 함박눈으로 와 주었군요
아직 잠이 덜 깬
희뿌연 안개보다 먼저
깜깜한 새벽 속으로 달려 오는
겨울해 보다 먼저
내게 와 주었군요
바람은 쉴 새 없이
겨울을 들어 올려 밀어 부치지만
전깃줄의 울음소리 잠재워가며
그대 하얗게
사락사락 와 주었군요.

첫눈으로 와 준 그대
가슴 가득 설레는 맘 붙잡고
하얀 아침
그대 발자국 옆에
내 발자국 사알짝 찍었더니
매일 첫눈으로 맞이하고팠던
간절했던 그대 기다림
어느새 미소가 되어
따뜻해집니다

3부

삶과 꿈

山

山이 큰다

山은
하늘 비 바람으로
나무랑 숲이랑
산짐승 같이 큰다

山은
山을 오르는
사람들이랑 같이 큰다

山은
山을 바라보는
사람들의 마음도 함께 키운다

山은
저 혼자 크지 않는다
사람과 함께 큰다

山이 큰다
사람이 큰다

삶

처음엔
천천히 걸었어요
쉬지 않고 계속 걸었어요

어느 순간 사람들이 뛰기 시작하대요
얼떨결에 같이 뛰었어요
그런데
더 빠르게 뛰는 거예요
나도 빨리 뛰기 시작했어요
숨이 차오르고
심장이 터질 것 같았어요
멈추고 싶었어요
주위를 돌아보았어요

어떡해요
다들 아직도 뛰고 있어요
무표정한 얼굴들

무슨 생각을 하며
어디로 뛰는 걸까요
온종일 뛰려나 봐요

지나던 바람이
씨익 웃고 가네요

날아 오르리

내 뼈에 새기어진
파란 하늘 푸른 숲
청보리 출렁이는 들판을 날던
흔적들을
지우려 하지 마오
나의 사무치게 고운 노랫소리를
억누르려 하지 마오

나는 자유로운 영혼
자유를 갈망하고
높디높은 하늘 끝까지
날고 싶은 본능은
무한한 창공으로
솟아오를 준비가 되었으니
이 봄을
얼마나 기다렸던가

나를 가두려 하지 마오
내 가슴에 응어리져 있던 호소
비바람 뚫고 솟아오르며
입으로 흘러나오는 환희의 노래
금빛 메아리치니
저 넓은 들판으로
저 높은 푸른 하늘로
날아오르리

결코 나를
잡아 두려 하지 마오

용기

저녁노을 앞에 서서
내일 다시 떠오르는
태양을 꿈꾸는 너는

<u>스스로</u>
높고 맑은 밤하늘 비추는
달처럼 자유로워 지거라
별처럼 순수해 지거라

아침해 솟아 올라
네 갈 길을 달려 나갈 때는
혼신의 힘을 다하거라
너른 초원을 달리는
제국의 칸처럼

누구도 범접치 못할
너의 영혼은
얼마나 늠름하더냐
너는 이미
존재만으로도

천지사위를
숨죽이게 하지 않았더냐

사자처럼 달리거라
독수리처럼 날아 가거라
세상에 우뚝 서거라

그리하여
너의 아름다운 세상
만들어 가거라

生

봄비가 새순 하나 속살 틔우더니
봄볕에 몸을 내준 나무
한잎 두잎 한꺼번에 돋아나더니
저마다의 마음속엔 푸른 山 우뚝 서
대지의 열기에도 무론하고
과연
초록이 지천이로구나

천지사방 푸르름을 퍼나르던 초록은
홀연
제 놀던 산자락에
노랑빨강 가을물 흠뻑 부어놓곤
어여쁘다 어여쁘다

산그늘 커지고 나무 그림자 길어져
새들의 목소리 지워지던 날
돌연 이별을 준비한다
스스로 붉은 옷 벗어던지고는
덧없다 덧없다 돌아가련다

처음 오던 날처럼
한 잎 한 잎 떨어지더니
뭉텅 뭉텅 날아간다
야위어버린 나뭇가지
매달려 있던 마지막 외로움마저
떨구려 몸을 떤다

바람 불고 희끗희끗 눈발마저 날리던 날
이별은
또 다른 만남이라며 돌아갔다

새날

하늘과 땅
온 세상이 태양의 뜨거운 입맞춤으로 깨어나면
永劫의 어둠을 뚫고
빛으로 오는 새날이여
우주의 生動하는 기운을 품은
生命으로 오는 새날이여
希望으로 오는 새날이여
날마다 날마다 꿈을 좇아 달려온 그대 앞에
새날이 열린다

어떤 꿈은 해 질 녘 노을빛 울음으로
타들어가기도 하였으나
이른 봄 나뭇가지에 물오르듯
핏줄을 타고 꿈틀거리는 꿈들이
지칠 줄 모르는 열정으로 뜨겁게 타올랐도다

이제 자연의 깊은 숨소리 들으며 눈부시도록 아름다운
삶을 꿈꾼다
욕심없는 소박한 삶을 꿈꾼다
저 숲속에 일렁이는 하늘소리 닮은

솔가지 흔드는 바람과 구름을 노래하며
풀꽃 쓰다듬는 햇빛과
긴 목청의 새소리에 귀 기울이며
실개천을 긋는 소금쟁이와도 벗할 수 있는
환희의 새 세상을 꿈꾼다

오!
찬란히 솟아 오르는 새날의 태양은
이제 그대가 꿈꾸는 소박한 꿈조차도
좇을 것이니
정녕
새날은 온전히 꿈꾸는 그대의 것임이라

1月의 태양

절망의 거대한 소용돌이
소란하던 아우성
고요한 어둠 속으로
사위어 간다

이제 살아남은 사람들은
희망을 얘기한다
그 어둡던 시간 속에서
한줄기 희망으로 온
태양은 더 빛이 난다
텅 빈 하늘에 솟아난
황금빛 태양

태양의 눈물 한 방울
온 세상을 적실 때
빛을 잃어가던
사람들의 얼굴에는
미소가 번진다
1월의 태양
눈부시게 밝은 빛은

사람들 가슴에 희망을 심는다
사람들은 다시 꿈을 꾼다

내일은
그 꿈을 믿는 이들의 것이기에

소나무

한여름 숲이 우거지고
초목이 무성할 때에는 몰랐다

이제 잎새들이 하나둘 바람에 실려떠나고
숲이 헐거워지며
숲 저편에 서있는 널 보았다

가을이 깊어진 다음에야
날이 추워진 다음에야
비로소 네가 거기에
쭉 서있었다는 것을 알았다
비로소 네가 사철 푸르다는 것을 알았다

벌거벗은 늦가을 나무들사이로
도도하게 하늘을 뚫을듯한 기세
기품 있는 자태와 곧은 기상
늘 푸른 너는 고고함으로 더욱 돋보인다

그자리에 뿌리 내려
묵묵히 지켜온 세월
그안에 담긴 깊은 뜻을 누가 알리오

그추위 비바람 눈보라 어찌 견디었나
홀로 오롯이 다 받아내며 견뎌온
인고의 세월을...
꼬옥 안아주고 싶다
홀로 견뎌온 처절한 외로움을...

너를 가까이서 바라본다
너를 가까이서 지켜본다
너에게서 침묵과 인내의 깨달음을
배운다
너에게서 진정한 용기와 꿈을 배운다

이제는 숲이 널 가릴 수 없어
세상은 물들어간다
너의 사철 푸르른 빛으로
이제는 숲에 가려진다 해도
너에게서 뿜어져 나오는
그윽한 솔향기는 세상으로
멀리멀리 퍼져 나간다

삶, 꿈

삶은
간절한 기도
꿈으로
피어나고

꿈은
절실한 기도
삶으로
완성되니

삶은
신이 허락한 꿈을
품고 있음이라

소소한 기도

난 언제나
작고 소박한 사람이다
할 수 있는 거라곤 작은 소소한 기도뿐
내 기도 날아가 누군가에게 가 닿기를

유난하지 않은 소소한 작은 별들이 모여 은하수를 이루듯
특별하지 않은 소소한 기도가 모여
어떤 이의 삶을 별처럼 환하게 밝혀 줄 것을
믿는다

믿음은 믿는 자의 것임을 알기에
난 오늘도 작고 소소한 기도로 하루를 연다
내 작은 기도 비록 짧고 소소하여
나비의 날갯짓처럼 곧 지나가 버릴지라도
먼 길 돌고 돌아 궁극에는 태풍처럼
가 닿으리라는 것을 믿는다

나는 안다
나의 오늘 하루도 누군가의 소소한 기도로
함께하는 것임을

12월

이별과 소멸의 순간을 예감하고
녹색생명 천천히 스러져가도
간절함은 또 다른 아름다운 빛깔로 태어나
마지막 잎새의
화려한 그 빛이 꺼질 때까지
스스로를 태우는 저 나무들
꿈꾸는 그날을 향하는
긴 침묵으로의 여정을 보라
아름답지 않은가

지나간 날들의
찬란한 꿈이 스러지고
긴 어둠의 터널을 지날 때도
눈을 들어 나무를 보라
지난날을 돌이키지 않는

찬란하던 별빛이 명멸하며
어둠 속에서 스스로를 완전히 태우고
새벽이 찾아올 때
들풀에 맺힌 맑은 이슬 같은

소박한 꿈이어도
짙푸른 바다로 나아가려는
작은 물고기의 큰 꿈이어도

지금은 하얗게 바래져버린 마음
다독이는 시간
새로 태어나는 이상과
빛나는 눈빛을 품은 꿈
서로의 등을 떠밀며
새벽을 열 것이다

잎새의 꿈

태워버릴 듯
한낮의 열기에도
하늘로 쭉쭉 뻗는
너의 태양을 향한 목마름은
꿈으로 출렁거린다

누구도 모를 열정에
몸을 뒤척이며
바람도 없는데
바스락대는 잎새들의 부대낌은
태양을 향해가는 그길이
얼마나 멀고 아득한지
굴절없이 보여준다

흐르는 달빛을 길어
몸을 식히고
속삭이는 별들의 노래
귓가에 스치면
바람은 부드럽게 밤을 다독여
뜨거웠던 마음도
어느새 내일을 꿈꾼다

물기 머금은
아침이 솟아 오르면
오늘도 잎새의 꿈 태양을 쫓는다

가을엔 가지를 친다

잎새 지면
가을이 끝난 줄 알았는데
아우성치며 뻗어가는 빈 나뭇가지들
하늘을 찌른다

가을엔 웃자란 가지를 친다

가을나무여
凋落과 衰落의 아쉬움과
겨울을 앞둔 서글픔으로
너를 보았으나 네가 남기고 간 것은
버리고 비우는 겸손이며
인내와 끈기로 견디는 용기인 것을

아무도 모르게 커져버린
돌처럼 단단해진 오만과 편견
목구멍까지 차오른 욕심과
뻣뻣이 쳐든 허세의 모가지를 쳐낸다
빈 가슴으로 시련의 계절을
준비하는 겸손과

연둣빛 설렘으로 초록기둥 꿈꾸는
인내와 용기를 남겨두고
가을엔 가지를 친다

이제 아우성 잦아들고
나무는 불어 닥치는 서릿바람에
빈 낯을 씻으며
서서히 침묵의 강을 건넌다

가을 끝자락에 선 나무
무언의 몸짓이
나를 침묵의 강으로 이끈다

달팽이

고요속에
잠들지 못하고
어둠에 익숙해진 너에게
밤은 너의 촉수가 된다
칠흑 같은 어둠 속
숨이 붙어 있는 그날까지
토해낼 수 없는 너의 깊은 슬픔과
걸어도 걸어도 끝없는 그리움은
목마름으로 끝이 보이지 않아도

너의 느린 걸음
세상으로 가는거야

침묵이
너의 전부였던
껍질뿐인 굴레를 짊어지고
밤은 너의 친구가 된다
얼굴을 밖으로 내밀고
드넓은 세상 나가려고 했어
허공 속에 절규하던 너의 몸짓과

네 맘 속에 들려 오는 목소리에
귀 기울여 봐
이제는 자신을 찾아

너의 느린 걸음
세상으로 가는거야

천년의 삶

함부로 날 판단하지 마
지금 내 모습
나의 전부가 아니야
힘들고 거친 계절
벌거벗은 내게 죽음 같은 겨울은
나를 더 단단하게 해
난 알고 있어
꿈을 이루기 위해서는
이겨내고 살아내야 하는 것을
그것이 삶이라는 것을
난 숨거나 도망치지 않아
당당히 마주 설 거야

나에겐 꿈이 있어
나의 꿈 나의 길을 만들어 가기 위해
난 잠시 쉬어갈 뿐
누구나 자기만의 꿈을 꾸며
삶은 만들어 가는 것

이까짓 고통쯤이야
얼마든지 견딜 수 있어
난 파릇파릇 새 순을 틔우고 꽃을 피울 거야
열매를 맺고 울긋불긋 아름다운 나를
사람들은 보게 될 거야
해마다 나의 꿈은 그렇게 이루어져
천년동안 내가 겨울을 이겨내는 이유야

꽃이 피면 알게 되리
나의 삶과 꿈을

大地의 꿈

살얼음 강물에 반쯤 기대
야위어 버린 갈대의 끊어질 듯
가냘픈 허리
고난의 계절 겨울을
통째로 견딘다
짙푸르러진 강물이 서럽다
차디찬 강물 아래서
시린 발 동동 구르며
갈대는 생각에 잠긴다
가을날 벗들의 노랫 소리 그립다

황량한 들판 모래 바람
날까마귀들도 다 몰아내고
大地의 풍요는 언제적 꿈이었나
죽음 같은 쓸쓸함에
북풍은 또 살을 에인다
땅속 저 아래에는
대지의 뜨거운 가슴으로 품은
봄이 숨쉬는데
대지의 푸른 꿈은

침묵의 바다를 건너야 한다
고난의 바다를 건너야 한다
한낮의 겨울해가
봄볕 보다 따사롭다

난, 날아갈 거야

허리가 휠 듯
짓누르고
얼어 붙은 강물
내 발을 묶어도
나의가슴과
내 눈은
푸른 창공을 향하고 있어

봄날
따스한 빛 내리 쬐면
나의 가지에
돋아나는
푸른 잎들은
파란 하늘로 날아갈 거야.

생명의 단비로
목을 축이면
나의 몸에
돋아나는 새 날개를 펴고
난 하늘 높이 날아갈 거야

가장 아름다운 세상

가장 아름다운 세상

사람이 사람이어야 하고
꽃이 꽃이어야 하듯
책상은 책상이어야 한다
세상 모든 것이 각자 저다운 모습으로
어우러지는 세상

세상 가장 아름다운 모습
사람이 사람을 품고
꽃이 꽃의 아름다움을 나눌 때
책상도 사람과 함께일 때

비로소
세상은 아름답다

피에로의 눈물

아름다워져라
껍데기에 불과한 몸매
매일 군살을 빼려 애를 쓰고
다이어트 식단을 짜고
왜곡된 美의 기준을 달달달 외워 몸에 걸치고 화장을 한다
거울 속 날씬한 피에로
한껏 흡족한 미소를 짓다가

돌연 무디어진 이성의 칼날 빼어들곤
웃음뒤 가려진 마음 밑바닥을 헤집는다
곧 사라지고 말 허영과 위선 화끈거리는 가식으로 포장한
다이어트되지 않은 삶의 군더더기 탄식처럼 달려 나온다
아프다

아!
나는 보여지는 부분만을
덜어내려 그토록 안달이었구나
(키치적 인간·키치적 인간)
내면에서 속삭이는 목소리
애써 외면한 채

아무도 간섭할 수 없고 나만이 허락하여
거짓을 깎아내고 내면의 순수한 영혼을 붙잡을
용기가 나에겐 없는 걸까
너무 멀리 와 버린 건 아닐까
돌아갈 수는 있는 걸까
피에로의 얼굴에 눈물 번진다

하루

밤이슬 내리면
먼지처럼 흩어지고야 말
저 미미한 점 하나 하루살이들
첫날이자 마지막 날인 하루
참 열심히도 산다

하루로도 충분해
조용한 숨 가쁨으로
말없이 나를 다독이는 건
파노라마처럼 스치는
담박한 웃음과 젖은 한숨
돌아보니 짧은 한 조각 찰나일 뿐

산너머로 스러지는 노을이
눈 안에 든다
하루치 작별을 고하는 시간
떠나야 할 것
보내야 할 것은

손에 쥐었던 바람처럼
그렇게 한순간 어둠의 장막뒤로 사라지고
이내 고요해지는 순간
이 순간을 영원으로 기억할 순 없어도...

하루로는 충분하지 않아
다시 태어날 하루를 기다린다

가을 낮달

마른 계곡사이 설운 바람
뻥 뚫린 가슴에
시리도록 파고들면
뙤약볕 아래서도
초록의 노래 부르던 나무
이제 낙엽도 제 갈 길 찾아 떠나니
시름이 깊어져 야위어 간다

傷心의 시간
세상사..
잘 맞물린 톱니 바퀴처럼 잘도 돌아간다
현악기줄 처럼 팽팽한
끊어질 듯 끊어질 듯
삶들은 저마다 잘 지탱해 가고 있다

문득
하늘을 보니
별을 찾아 나섰는가

하늘 한쪽에 걸려 있는
길 잃은 가을 낮달이 무심하다

4부

대숲에 이는 바람소리

겨울비

하얀 눈 꿈꾸며
날카롭게 빛나던 理想
칼날처럼 예리한 理性
하얀 세상 품기도 했었지

빛나던 여름날
뜨거웠던 심장으로
대지를 적시기도 했었지

저무는 겨울
눈 위에 새겨진
겨울의 조각들
흩어 버린다

차가운 겨울비
봄이 오는 길목으로 간다
뜨거운 심장으로
다시 올 설레임에
소리 없이 춤을 춘다

대숲에 이는 바람소리

저녁하늘
붉은 노을 두르고
대숲 사이로 끝없이 퍼져간다
문득 찾아오는 외로움 하나
익숙해진 정겨운 손 이끌며 어디로 가는가
외로운 사람끼리 붉어진 노을처럼
따스하게 살아가야 하나보다

곧 노을 뒤편에선
스산한 바람 불어오고
대숲에는 하얗게 별이 쏟아져 내릴 것이다
대숲에 이는 바람소리
댓잎향기에 몸부림치고
서걱거리는 바람소리에
까만 밤을 不眠으로 하얗게 사르고 나면
외로운 사람끼리 야윈 어깨를 감싸 안고
새벽이 오는 곳으로 걸어가야 한다

먼 동녘하늘 여명이 밝아올 때쯤
마치 오래된 마른나무결에서
떨어질 때가 된 껍데기 같은
번뇌의 조각들을
하얗게 불사르고픈 충동이 아우성 칠 것이다

이제 외로운 사람들은
스스로를 삶의 소중한 존재로
승화시켜야 할 때
여명의 시간
대숲에 일던 바람소리는
깊은 침묵 속으로 가라앉는다

겨울 나그네

겨울해 다 지고 나면
어두운 산 넘어야 하는 겨울 나그네
짧은 해 서럽다

어둠을 밀어내며
눈물로 반짝이는 별
앞장 서 가면

허허벌판에 불어와
하얀 눈 이고 섰는
나뭇가지 흔들고
꽁꽁 언 강물 위 지치던 바람은
겨울 나그네 무거운 외투 집어들고
어깨 늘어 뜨린 채 뒤따르는 걸음
발자국 소리마저 거두며
겨울산 넘는다

겨울 나그네여
널 위해 울어 주리니
부디 눈물 보이지 말고
뒤돌아 보지 말고 잘가시게

멀리 부지런한 새벽별
은하수 별밭에 꽃씨 뿌리니
봄꽃 흐드러지는 언덕에서
나 기억하리
겨울 나그네여

봄비

바람이 쓰다듬고 갔을까
햇살이 어루만지고 갔을까
숨소리도 들리지 않고
침울하던 고목의 허리에
작년에 보았던
앙증맞은 작은 꽃잎 빼꼼히 얼굴 내민다

죽은 듯 땅에 버려졌던 작은 풀씨
잔인한 계절 어찌 견디었나
작년에 보았던
푸르고도 신비한 그 생명
다시 돋아나는구나
세상 모든것이 새로운 것 없으니
겨울 동안 어디에 있다가
누구의 부름으로 다시 온걸까

고목의 창백한 낯빛같은
무덤덤한 오늘 나의 삶

봄비가 내린다
아!
나의 봄도
세상의 봄처럼 다시 올 수 있으면

가을, 바람

봄꽃보다 화려해도
사치스럽지 않은
생의 절정 이토록 고운 빛이라니
맑은 바람이 쪽빛 하늘에
사랑의 戀書를 쓰고
수줍게 저를 태우는
울긋불긋 잎새마다마다
가을 참 이쁘다

서쪽하늘 석양이 불그레해지고
그 빛으로 낯을 씻은
산너머 휘달려 오는 바람
황홀한 노을빛 서정 사라지고
고웁던 가을은 발가벗겨진다

침묵으로 가는 길목에서
화려했던 날의
수채화 같던 감성마저 내어놓으라 한다
말갛게 투명해진 마음만 두고
바람 참 매정타

어느새 바람은
도둑처럼 가을 담벼락을 넘는다

어느 날

저녁 노을 수줍게 붉어지던 날
어스름 산그림자 커질때까지
하염없이 바라 본다

그날 하늘은 더없이 파랬고
싱그러운 바람은
얼굴을 어루만지며
꽃들은 저마다의 자태로
향기를 뿜내고
한낮 공기는 부드러웠다

어떤 슬픔도 달래줄 것 같은
진한 꽃향기는
나를 잊고 세상을 잊게 만들었다

세상을 물들이는
가장 아름다운 풍경을 보며
처연한 슬픔을 본다
노을은 산능선 저쪽으로 사라져 간다
하늘가 날아가는 작은 새
아름다운 일몰속 한 점이 된다

황금빛 일몰 저 편
아무도 기억하지 않으려는
가장 아름다운 슬픔을 간직한 오늘
노을빛 눈물 배인다

단풍

싱그럽던 잎사귀
붉고 노랗게 단풍물 들인다
아름다운 변신
색의 향연이여!

가을 바람타고
하늘로 날아 오르는 황홀한 몸짓이여
삶의 절정으로 치닫는 정열의 불길이여
마지막 불사르는 열정
소리내지 않아도
귀기울이지 않아도
너른 세상 화려함으로 환호케 하는구나

사람아
지나간 하세월을 뒤돌아 본다
수줍게 속삭이던 푸르른 목소리
곱디 고왔던 젊은 날은
기억속 울림 되어 그림자로만 남았어도
손 안엔 지워지지 않는 한조각 열정
빈 마음에 둥지를 튼채

아름답게 짙어지는 가을색
하염없이 바라보고 있다

3월

동쪽하늘
검고 불그레한 하늘
차갑게 엉킨 빛의 실타래를 풀며
새벽을 기다린다

첫닭 울음소리에
깨어나는 강물소리
멀리 하늘문 열리는 소리

기다리던 봄이 오는가
고개 빼어들고
하얗게 서리 뒤집어 쓴 풀잎사이로
기지개 켜는 새벽안개
어디서 불어 오는가
새벽을 흔들어 깨우는 바람

길고 긴 밤
새벽을 기다리는 이여

연초록 새싹과
꽃들의 설렘 한아름 들고
3월은
새벽보다 먼저 와있구나

봄은

봄은 기다림
초조하지도
조바심 내지도 않는

사그락 대던 대숲의
정갈한 바람 소리 간직한 때문일까
솔잎의 하늘 높은 소리 기억하는 때문일까
봄내 품은 빗소리 숨기고 있기 때문일까

봄은 그리움
봄꽃들은
깨끗하고 비어있는 가슴에 간직한
그 많은 봄의 소리를
그리워하는데

봄은
결코 서두르지 않아
바람보다 낮게 바짝 엎드려
땅속 은밀한 소리에 귀기울이고
하루하루 묵묵히 기다릴 뿐

기다림의 끝
그리던 봄이 온다

바람

계곡을 타고 거슬러 오른다.
하늘로 나있는 길 올라가는 바람
졸고있던 낙엽들 깨어나 뒤척인다
거친 숨 몰아쉬며 쫓아 오르면
앙상한 겨울 나무들
몸을 휘감은 바람에 놀라
화들짝 움추리고

산중턱 폭포수에 걸터 앉아 기다리던 바람
떨어지는 맑은 물에 낯을 씻고
말개진 얼굴 가벼운 흥얼거림으로
다시 오른다

깊은 산자락을 훑고 온 바람
가쁜 숨 몰아쉬며 따라와 보니
어느새 산 정상에서 기다리고 서 있다
바람도 쉬어 가는 그 길 어사길
나그네 어사의 꿈 한양천리
바람의 어깨에 기대면
땀방울 식혀 주던 날아가는 새들도

하늘가에 몸을 기댄다.
후두둑
초겨울 차가운 빗방울에
몸을 떨던 바람은
긴 한숨 토해 내곤 가던 길 바쁘다고
서둘러 길 재촉한다

청평사의 가을

청평사 가는 길
소낙비 그친 후 숲은
마지막 푸르름을 아낌없이 쏟아내
바삐 가을을 물고 날아오르던
산새들 날갯짓 여유롭다
소양호 강물은 더 깊고 새파래진다

대웅전 댓돌 위
수많은 중생들의 발자국
따사로운 햇살이
수북 쌓인 寂寞을 깨고 속살거린다
또 하나의 발자국 얹어 합장을 하니
부처님 無言의 자비로운 미소
맑은 음성 들릴 듯한데
가을볕 높아진 하늘이 대신
가섭의 웃음으로 화답을 하는구나

늘 푸른 솔향 사이로
목탁소리 염불소리
더욱 靑雅해진 계곡물소리

고즈넉한 山寺의 처마 끝 풍경에
파아란 가을 하늘이 매달려 있다

겨울나무

잎 져버린 빈 가지에
바람이 매달려 울고있다
밤새 그 울음소리
외로운 가슴 할퀴어도
너를 위로하지 못하고

잎 져버린 빈 가지에
매달려있는 네 외로움이
찬바람에 떨어지고
땅바닥에 부딪히더라도
너를 위로할 수 없으니

한여름 그토록 빛나던 네가
그 많은 찬서리에 몸서리를 치며
칼바람의 휘갈김을 당하고
한겨울 폭설을 이고 묵언으로 고해하던
외로운 질곡의 터널을 지나면
홀로 남겨진 바람소리 가늘게 뒷걸음질치고
따스한 햇살에 스르르 눈이 녹아내리니

그제야 스스로를 위로하는
너의 이름은 겨울나무

세상의 모든 삶은 상처를 보듬고 살아간다고
내게 속삭인다
시련을 견디고 생긴 크고 작은 옹이
그 안에 꽃과 열매를 품은 너에게선
더 진한 나무향기가 배어 나오리

변덕쟁이 바람꽃

태양을 쫓아가는
해바라기 되어 볼까
해 바라기하다 내 몸 다 타버려
재가 될지라도
님 향한 일편단심이야
지워질리 없어라

휘영한 보름달 밝은 밤엔
그리워도 가까이 갈 수 없어
마음속 품은 님 야속타
눈물 삼켜 피어나는
달맞이꽃 되어 보리라

물결치는 꽃무리 드넓은
한적한 들판에선
바람결에 이리저리
흔들리는 몸짓
외로운 코스모스 되고파

비오는 날 고개를 떨구며
꽃봉오리 살짝 오므려
풀숲에 몸을 뉘였다가도
다시 바람 맞으며
꽃을 피우는 이름모를 꽃

해바라기도
달맞이꽃도
들판에 그 어떤 꽃이라도
그대만 바라보며 피는
난 변덕쟁이 꽃이 되고 싶어라

님 향해 가는 마음
변덕쟁이 바람꽃

노을

젊은 날
찬란하게 빛나던 사랑아
붉은 언약 고운 빛은
어느새 서쪽 하늘가에
메아리진다

하늘에서
이슬 한 방울
내 눈으로
심장으로
쿵
떨어지는 소리가 들렸다

그건 아마
오랜 세월 바래지지 않은
노을빛 사랑이었을거야
해 질 녘 붉게 물들이는
그리움이었을거야

부드러운 눈동자
세월 저 편으로
천천히 사라져 간다
가슴 한 켠
바람이 일렁인다

복수초

해맑간 미소
따뜻한 얼굴
몹시도 그리웁구나
너의 모습 애타게 찾아도
아직 보이지 않아

다소곳한 작은 봉오리
땅을 뚫고 얼음을 헤치고 나오던
화사한 얼굴
고개를 쳐들며 배시시 웃어주던
너의 모습은 무척이나 설레었었지

지쳐 스러질 듯
무거운 발길로 집에 돌아오니
너는 어느새 나보다 먼저 와있더구나
기쁨과 환희로 난 소리를 질렀지

아!
봄!
온 세상 황홀이

고운 빛으로
내게 찾아왔다

저녁

산자락 타고 내려온 바람이
들녘에 한참을 노닐다가
그림자 길게 드리우며
길을 따라 걷는
외로운 이의 등을 떠민다

저멀리 산은 낮고
들은 넓으니
그 끝이 멀고 아득한데
강물은 천천히 서녘하늘로 흐른다

강물의 서늘한 눈에 든
붉은 노을
타는 외로움으로
나그네 길 재촉하고
바람은
저만치 산너머 어둠을 쫓는다

5부

시간이 멈춰 버린 곳

사람이 아름답다

세상의 어둠을 밝히는
크리스마스 트리
아름답다

광장을 밝힌
수십만 촛불
아름답다

시리도록
추운 겨울밤
사람이 아름답다

안녕하신가요?

당신은 안녕하신가요?
당신의 삶이
슬픔으로 얼룩져 있다 해도
무너져 내릴 듯 천근 삶의 무게에
짓눌린다 해도
맑고 순수한 눈빛
잃지 않는다면

당신은 안녕하신가요?
당신의 어깨너머로
비바람 몰아쳐
당신을 날려 버릴 것 같아도
바람은 다시
향긋한 손길로 옷깃을 여며주고
순해질 테니

당신은 안녕하신가요?
당신의 안녕을 바라는
새로운 태양이
구름사이로 빼꼼히

얼굴을 내밀면
따스한 시선으로
귀 기울이던 동풍 품에 안기니
들려오는 희망의 날갯짓

당신은 안녕하시지요

위로

욕심을 벗어버린
벌거벗은 겨울나무
하얗게 눈이 쌓인다
추위보다 더 매서운 외로움에도
견디어라

포근한 하얀 솜이불 덮고
너 서있는 자리
따뜻하게 데워

춥고 외로운 사람들 마음
녹일 수 있도록
위로하여라
포근한 네 모습에
따뜻한 미소지으며
위로 받으리

바람이 불어와
하얀 솜이불 날려 버려도
따스한 햇살에 솜이불 녹아내려도
함부로 눈물 짓지 말아라

차가운 겨울
혼자가 아님을
알게 되었으니
너 또한
위로받지 않았느냐

여행지에서

어깨 위로
저녁빛 내린다
아무도 아는 이 하나없는 낯선 하늘가에
스쳐가는 바람소리
나무잎새 춤을 추고

바람이 불어 오는 곳
두고온 그리움도 몰려온다

바람따라 걷고있는
여행자의 외로운 발걸음에
까마귀 한 마리
벗하자며 따라온다

바람이 불어오는 곳
그곳에선 지금쯤
저녁밥 짓는 냄새

식구들 하나 둘
지친 몸 이끌며 돌아오고
주홍색 따스한 전구 켜지면
둘러앉은 식구들의
도란도란 웃음소리

문득
두고온 사람 그립다

가끔은

가끔은
무릎을 구부리고
앉은 자세로
세상을 보자.
그곳에는
풀과 꽃 나비의
세상이 있다

가끔은
등을 구부리고
낮은 자세로
세상을 보자
그곳에는
아이의 눈에 비친
세상이 있다
어른들이 내려다만 보던
무심하게 지나쳐 버린
세상이 있다

어쩌면
세상은 모두 그곳에서부터
시작되는 것일텐데

하루를 보낸다는 건

하루가 오고
하루를 보낸다는 건
이런 건가 보다
몸은 헐거워지고
마음은 너그러워지는 것

한때 유리창에 매달린 눈부시던 하루빛은
얼마나 가슴을 뛰게 했었나
봄비에 푸르른 잎처럼 하루를 열렬하게 살았고
나만의 색깔로 물들여지는 하루는 또 얼마나 아름다웠는가
눈물로 지새운 좌절과 번뇌의 하루도
아스라한 저편 너머 기억의 한 장이 되고

하루를 떠나보낸다는 건
이런 건가 보다
세월의 더께 위에 켜켜이 쌓인 기억은 곰삭아
감정은 덤덤해지는
수 없이 많은 빛바랜 하루를
기억창고에서 꺼내어 본다

그 중 몇은 벌써 도망가 버리고 그 중 몇은
작지만 겸손한 기쁨으로 뒤돌아 볼 수 있게 하는
여유로움인가 보다

속죄

저녁해 지고
그림자도 제풀에 지쳐 스러지면
어스름 땅거미 밟으며
모내기 물 댄 논에 어제처럼
개구리들 와글와글 모여든다

어미의 무덤을 물가에 쓴 불효
속죄의 의식 시작된다
제 어미의 눈물은 이미 말랐을 터인데

어머니
부디 날 용서치 마오
목이 터져라 울어도
끝내 지은 業報의 굴레 벗어날 수 없으리
어제도 오늘도 속죄의 마음 하늘에 가 닿을까

울어라 울어라
소리없이 우는
내 잠 못 드는 밤도 깊어만 가는데
속죄 의례는 끝날 기미가 없다

하늘이시여
오늘밤은
부디 이 속죄하는 마음 받아주소서

말(言) 무너지다

바람에 흔들흔들
위태위태하더니
그예 말(言)의 탑 무너져 내린다
부나비처럼
와글와글 몰려들어 쌓았던
말말말

가슴속 있던 말도
뱉어버린 말도
모두 묻혀 버린다
아니 묻어 버린다

바람도 없는데
비칠 비칠 흔들리며
엉킨 실타래 같던
그 많은 세상의 말(言)들

오늘
말무덤에 묻힌
그 영혼을 달래주려
비 오는가

비의 노래
통곡처럼 虛虛로운 가슴 차오르고
눈물로 얼룩진 말(言)의 영혼들
하나둘
홀연히 날아오른다

시간이 멈춰 버린 곳

흐르지 않는 시간들이
폐허가 된 고물상에
우두커니 처박혀 있다

끝없이 바람에 실려가던 흙먼지처럼
찌들어 고통스럽던 방황의 시간이
액자 속 청초한 한 떨기 꽃으로
피다 말고 멈춘 날들이

닳고 닳은 세월의 밑창으로
온 누리 종횡하다 멈춰버린 시간도
감추고 싶었던 비밀의 시간까지도
여기선 모두 멈춰서 있다

어디선가 새 한 마리 날아와
누구의 시간인가 기웃대고
누군가 버리고 간 시간을 갉아먹는 길고양이
울먹울먹 거리던 시간들이
흐르다 그만 멈춰버린 곳

버려진 시간
울먹거리던 시간
되돌릴 수 없는 시간들
주인잃은 시간이
폐허가 된 고물상 벤치에서
시름없이 꾸벅꾸벅 거리다가
이내 다시는 흐르지 않는다

이승과 저승의 경계에 서서

창백하던 달의 놀이터
길 건너 낯선 땅
오늘은 화창하고 눈이 부신 날
꽃이 피누나
꽃이 지누나
꽃이 피고 지고를 같이 하는 꽃밭에
한참을 서있다

인생길 걷다가 걷다가 삶이 멈춰 선 곳
어제 우린 죽었고 오늘 우린 살았다
산 자와 죽은 자의 숨결이 한 공간에서 만나
이승에서의 끝자락과
저세상 넘어가는 곳 어디쯤에서
이마를 맞대고 같이 웃고 떠들며
서로에게 묻는다

잘 있제?
거기서 편안하제?

눈물 나도록 아름다운 세상
허무와 슬픔도 곧 뒤따를 지니
그대여
극에 달하는 즐거움과 더할 수 없는 슬픔은
한 끗 차이인 것을
밤이 낮이 되고 낮이 밤으로 되돌아가는 곳

휘리릭 한줄기 바람이 경계를 흐트러 뜨려도
하얀 나비 한 마리 나풀나풀
닿을 듯 닿을 듯 이승과 저승의 경계를
자유로이 넘나 드는데

관찰자

돌확에 고인 물 하늘고요 흐르고
지천으로 핀 풀꽃 무심한 채
꽃향기 넘실대는 마당에 벌나비 날아든다

한껏 고운 자태 뽐내는 풀꽃들
어찌 마냥 한가롭기만 하겠는가
휘이익 바람 한줄기에도
구름 흩어지듯 사라져 버리는 여린 삶들
집 앞마당 잔디밭은 또 하나의 작은 우주

내 작은 마당에도 저마다 치열한 삶이 있어
스르르 미끄러지듯 스며드는 아기뱀
놀란 청개구리 폴짝폴짝 튀어 올라도
새들은 여유로이 잔디밭 헤집고 노니는데
이들을 노리는 고양이 눈빛 매서워

한가로움 속 팽팽한 긴장감 맴도는
작은 마당
여기에선 나도
우주에 속한 한낱 작은 생명체
그저 바라만 보는 관찰자일 뿐

비명

테레비 자막이
날 보고 웃으라 한다
이 장면은 재미있어야 해
이럴 땐 공포스럽지?
이럴 땐 슬프지?
스스로 웃지도 울지도 못하게 만들더니
급기야 내 감정을 쥐고 흔든다
풍부한 감정의 아이콘이던 나
스스로 느끼던 카타르시스, 희로애락

네 감정?
중요치 않아, 넣어 둬
그리고 날 따라와
획일화되고 편협적으로 셋팅된
미디어의 습격
내 감정은 원격조종 당하고 있어
한쪽눈에서 눈물이 흐르고
한쪽눈으로는 웃고 있는
테레비 보며 웃고 우는 난

넌 누구냐

에필로그

 우연히 책장에 꽂힌 낡은 노트가 손에 잡혔다. 언제 적이야? 그 옛날 서툴지만 풋풋한 감정이 그대로 되살아난다. 손글씨로 쓰인 글 속에서 그 시절의 기억을 소환해 내고 다시는 돌아갈 수 없는 젊은 날의 한 페이지는 메말라 사라져 버린 감성세포들을 살려내기에 충분했다. 그 옛날 대학노트에 끄적여 놨던 詩들은 어쩌면 그렇게도 소박하고 수수한지 눈물과 미소가 동시에 눈가를 스치고 지나간다.
 세월이 흐를수록 시 쓰기와 읽기는 멀어졌고 그럴수록 허허로이 삭막해져가는 마음 한구석, 비워져 가는 공허함은 손쉬운 다른 방법으로 채워지곤 했다. 그 낡은 노트가 겨우 숨을 불어넣은 감성에 불을 지피기에는 시를 쓴다는 것이 아직도 전문가의 영역이라고 생각했던 나로서는 큰 도전이었다. 그래도 차츰 변화해 가는 나를 느낀다.
 시를 쓴다는 것이 시골집 앞마당에 내리쬐는 따뜻한 햇살을 온몸으로 즐기고 있는 강아지와, 햇빛 샤워 중인 꽃들의 수줍은 웃음과도 같다는 것을. 시를 쓰고 읽는 것이 온몸과 마음에 따뜻한 온기를 채워 주는 것을.

어렵지 않은 단어부터 글을 처음 배우는 사람처럼 서툴게 시작해 간다. 차츰 비워져 있던 감성의 주머니, 허기져 있던 마음창고가 점점 무언가로 찰랑거리며 요즘 내 인생 최대의 화두가 된 마음 챙김과 마음씻김이라는 두 가지 행복도 가져다주니 과연 시를 쓰고 읽는다는 것과 시의 역할에 대해 생각해 보게 된다. 시적 지혜가 마음에 깨달음을 주고 타인과의 공감을 통해 보편적 인식의 감동을 선물해 주니 사랑과 꿈꾸는 내일을 안내하며 강퍅해지는 마음을 부드럽고 온화하게 만들어주는 길잡이로 이 정도면 시의 역할로서는 충분한 게 아닐까?

따뜻함뿐이 아닌 삶에 대한 성찰과 수많은 삶의 편린들을 무의식적이고 습관화된 관점이 아닌, 시인의 눈에 비친 물음표와 느낌표를 낯설고 날카로운 시선으로 쓸 수 있었더라면 하는 아쉬운 맘이 든다.

부족한 글이나마 책을 엮을 수 있도록 응원해 준 모든 분들과 용기를 내준 나에게도 무한 감사를 선물하고 싶다.

김현숙의 시 세계

사물에 대한 성찰과 관찰력으로 빚어내는 시적 메타포

이복수 박사·평론가

1.

시는 언어의 예술이자 시인 자신의 체험을 언어라는 형식으로 표현하는 문학장르이다. 그렇기에 시의 세계는 시인 자신의 이 세계에 대한 관점과 사유와 성찰의 내면화가 서정적인 인식과정을 통해 빚어낸 결과물이다. 무릇 시인이 시적 언어를 잘 표현할 수 있으려면 무엇보다도 형상화한 시어를 통해 시적 비유와 함축을 적절히 드러내야 하는 작업이 필요하다.

김현숙의 시는 평범한 일상 속에서의 자기 체험과 대상에 대한 관찰과 사유를 통해 삶의 의미를 묻는 방식을 견지하고 있다. 그런 연유로 김현숙의 시 편 편에서 일관되게 유지되는 것은 사물에 대한 깊은 포용력에 있으며, 이 세계를 긍정적으로 수용하면서 내적 순화를 통해 그 중심을 견지하려는 밸런스의 항상성에 있다 하겠다.

〈붉은 담쟁이〉에서 시적 화자는 가을날 허공을 향해 기어오르는 '붉은 담쟁이'를 보며 그것이 '하늘에 닿은 고독의 벽'이라고 말한다. 모두가 불가하다고 말하지만, 사력을 다해 절망의 벽을 기어오르는 담쟁이에게서 화자는 자신의 슬픔을 허공에 매단다. 마치 유치환의 '깃발' 마지막 행간처럼. 시인은 이 세상에서 힘없고 가여운 사물에 대해서도 끈질긴 생명력을 칭송하며 극진한 연민의 마음을 가진다.

"하늘에 닿은 고독의 벽/
넘을 수 없다고 모두 말했지/ 태워버릴 듯한 햇빛에 포기할까
폭풍우 몰아치는 날 천 개의 잡은 손 놔버릴까/
이슬 한 방울에 목을 축이고/
바람 한 톨에 땀을 식히며/ 푸른 잎 그 벽을 다 덮을 때까지/
사력을 다해 기어오른다

마침내/ 절망으로 뒤덮인 고독의 벽/
푸른 잎으로 다 덮었어도/ 다시 스멀스멀 휘감아 오는 고독은/
어쩌지 못해/ 시선은 벌써 다른 벽을 기어오르고 있다

환호의 박수 소리/ 어느샌가 달려온 가을햇볕/
붉은 옷 입혀주며/ 두 뺨에 입 맞추고
잘했다 잘했다/ 붉은색 화관 씌워주니/
마술인양 빨개진 얼굴 고웁디 고와도/ 내 슬픔 어디에 매달을까"

〈청평사의 가을〉은 한줄기 소낙비 그친 후 청평사 가는 길에서 만난 풍경들에 대한 시적 관찰과 시적 언어의 형상화가 뛰어난 작품이다. '바삐 가을을 물고 날아오르는 산새들'이라든가 '수북히 쌓인 寂寞을 깨고 속살거리는 따사로운 햇살' 등이 그렇다. 특히, 마지막 행간 '산사의 처마끝 풍경에 매달린 파란 가을 하늘'은 시적 메타포의 압권이라 해도 지나치지 않다 할 것이다. 참, 맛깔나게 글을 잘 쓴다는 생각을 지울 수 없다.

청평사 가는 길/
소낙비 그친 후 숲은/ 마지막 푸르름을 아낌없이 쏟아내/
바삐 가을을 물고 날아오르던/ 산새들 날갯짓조차 여유롭다
- (중략) -
대웅전 댓돌 위/ 수많은 중생들의 발자국/
따사로운 햇살은/ 수북히 쌓인 寂寞을 깨고 속살거린다
- (중략) -
늘 푸른 솔향 사이로/ 목탁소리 염불소리/
더욱 靑雅해진 계곡물소리/ 고즈넉한 山寺의 처마 끝 풍경에/
파아란 가을 하늘이 매달려 있다"

2.

　김현숙 시인은 10년 전, 생활의 중심이 봄내 서면의 전원으로 옮겨지면서 몸소 체득하는 모든 것들이 자연 속에서의 사물들과 자연스럽게 어울리며 詩의 지평地平을 넓혀가고 있다. 파란 하늘과 흰 구름과 들녘에서 불어오는 강바람 그리고 맑은 호수와 들꽃들과 어우러진 전원생활 속에서 시인의 마음이 한껏 정화되며 일관되게 삶의 길을 찾아가는 노력이 형상화된 다수의 시 편들을 만날 수 있다. 〈사람이 풍경이 된다〉가 그 중 하나다.

　　　숲이 뭉텅뭉텅 초록물 뿌려대면/ 하늘품 넓은 나무 사이로/
　　　나뭇잎 춤추게 하는/ 바람 부는 그곳에선/ 사람은 풍경이
　　　된다//
　　　납작 엎드린 오솔길 따라/ 수줍은 풀꽃의 머리칼/
　　　쓸어 흔들어 주는 한 자락 바람//
　　　산새들 쉬었다 갈까/ 퐁퐁 솟아나는 숲속 옹달샘/
　　　계곡물로 매일 낯을 씻는 돌멩이/ 햇빛에 반질반질 말갛다//

　　　누구의 소원일까/ 얼기설기 정성스레 쌓여 있는/ 돌무지
　　　탑들/
　　　그곳에선 언제나/ 사람도 풍경이 된다//
　　　산 그림자 길게 내려오는 해 질 녘/ 몸 뉘여도 누추하지
　　　않은 오두막집/
　　　모락모락 올라오는/ 저녁밥 짓는 굴뚝 연기마저/ 소박한
　　　풍경이 되는//

시간이 멈춰 버린 그곳에선/ 사람도 숲이 되고 풍경이
된다

— 〈사람이 풍경이 된다〉 전문

자연속에 있으면 존재 자체가 하나의 풍경처럼 느껴진다. 김현숙 시인은 이 시에서 세 가지 접근법을 시도하고 있다. 먼저, 공간적 접근으로 한적한 들판에 서 있는 사람이 자연의 풍경 속에 한 부분처럼 느껴지는 순간을 포착한다. 또 다른 한편에서는 지금 이 순간 시간과 함께 풍경이 되는 사람으로서의 시간적 접근, 그리고 사람의 감정이나 분위기가 풍경이 되는 정조적情調的 접근을 시도하고 있다.

누군가에게 '나'라는 존재는 한 폭의 그림처럼 인상적인 뒷모습으로 오랫동안 각인되어진다. 누군가에게는 그저 지나가는 사람일테지만, 내게는 잊혀지지 않는 풍경― 그 풍경 속에 회자가 기억하는 사람은 누구일까... 자못 궁금해진다.

〈관찰자〉에 이르러 김현숙 시인은 집 앞마당에서 작은 우주를 발견한 관찰자가 된다. '돌확에 고인 물', '지천으로 핀 풀꽃과 벌나비', '마당을 휘익 지나가는 바람 한줄기'와 작은 생명체들― 아기뱀, 청개구리, 새들과 이들을 노리는 매서운 고양이의 눈빛 등 마당 잔디밭은 여린 삶들의 치열한 생존경쟁과 팽팽한 긴장감이 맴도는 小宇宙가 된다. 그 작은 우주 속에서 시적 화자 자신도 한갓 이들과 다름없다는 존재론적 자각에 이른다. 이처럼 이

작품은 시인 자신이 자연의 순리를 따르며 그 속에서 성찰적 삶의 길을 가고자 하는 시인의 세계관과 우주관이 녹아든 매우 뛰어난 수작이라 하겠다.

돌확에 고인 물 하늘고요 흐르고/ 지천으로 핀 풀꽃 무심한 채/
꽃향기 넘실대는 마당에 벌나비 날아든다/
한껏 고운 자태 뽐내는 풀꽃들/
어찌 마냥 한가롭기만 하겠는가/
휘이익 바람 한줄기에도/
구름 흩어지듯 사라져 버리는 여린 삶들/
집 앞마당 잔디밭은 또 하나 작은 우주//

내 작은 마당에도 저마다 치열한 삶이 있어/
스르르 미끄러지듯 스며드는 아기뱀/
놀란 청개구리 폴짝폴짝 튀어 올라도/
새들은 여유로이 잔디밭 헤집고 노니는데/
이들을 노리는 고양이 눈빛 매서워//

한가로움 속 팽팽한 긴장감 맴도는/
작은 마당/ 여기에선 나도/ 우주에 속한 한낱
작은 생명체/ 그저 바라만 보는 관찰자일 뿐

〈상사화〉와 〈산〉, 〈달팽이〉, 〈삶〉 등의 작품들 또한 전원 속에서 느끼는 시인의 세계와 맞닿아 있다 하겠다.

숨죽여 속삭여봐/ 숨죽여 귀 기울여봐//

아!/ 들릴 듯 들릴 듯/ 아련한 그대 목소리//

가까이 있으나/ 백리길보다 멀고/ 잡힐 듯 잡힐 듯하나/
천리길보다 먼 그대 목소리

- 〈상사화〉 전문

山이 큰다//

山은/ 하늘 비 바람으로/ 나무랑 숲이랑/ 산짐승 같이 큰다//

山은/ 山을 오르는/ 사람들이랑 같이 큰다/

山은/ 山을 바라보는/ 사람들의 마음도 함께 키운다

山은/ 저 혼자 크지 않는다/ 사람과 함께 큰다//

山이 큰다/ 사람이 큰다

- 〈山〉 전문

고요속에/ 잠들지 못하고/ 어둠에 익숙해진 너에게/ 밤은 너의 촉수가 된다/

칠흑 같은 어둠 속/ 숨이 붙어 있는 그날까지/ 토해낼 수 없는 너의 깊은 슬픔과/

걸어도 걸어도 끝없는 그리움은/ 목마름으로 끝이 보이지 않아도//

너의 느린 걸음/ 세상으로 가는거야//

침묵이/ 너의 전부였던/ 껍질뿐인 굴레를 짊어지고/ 밤은 너의 친구가 된다/

얼굴을 밖으로 내밀고/ 드넓은 세상 나가려고 했어/
허공 속에 절규하던 너의 몸짓과/

네 맘 속에 들려 오는 목소리에/ 귀 기울여 봐/ 이제는
자신을 찾아//

너의 느린 걸음/ 세상으로 가는거야

— 〈달팽이〉 전문

3.
　작가의 작품들은 그가 살아온 삶과 무관하지 않다. 우리는 작품을 통해 작가의 정신적인 배경과 그의 삶에 대한 철학과 사상을 엿볼 수 있다. 그의 진솔한 내면을 들여다 볼 수 있으며, 작가가 살아온 시대상황과 고뇌 그리고 삶의 모습과 태도까지도 작품을 통해 알 수 있다. 그런 연유로 독자들 또한 좋은 작품을 대하면 마치 자신이 직접 글 속의 화자인 듯한 감정이입과 공감에 빠지게 되고 이러한 과정을 통해 치유의 시간을 공유하게 된다.
　시인 A. 랭보는 '상처없는 영혼이 어디 있으랴'며 '나의 詩들은 내 상처의 산물'이라고 고백한다. 김현숙 시인 역시 끊임없이 존재에 대한 근원적 물음을 던진다. 존재의 근원적 문제를 천착穿鑿하고 있는 까닭에 그의 시에는 생이 시작되고 또한 삶이 있었던 시간들에 대한 통절한 그리움이 살아있다.
　현재의 생명성에 대한 앙양昻揚이 근원에 대한 강한 통찰로 나타나고 있으며, 이는 生의 도저到底한 긍정성과 포용성으로 발현됨으로써 삶에 대한 인식과 온전한 지각이

갖가지 아름답고 애절한 꽃을 피워내고 있다 하겠다.

아름다워져라/ 껍데기에 불과한 몸매/ 매일 군살을 빼려 애를 쓰고/
다이어트식단을 짜고/ 왜곡된 美의 기준을 달달달 외워 몸에 걸치고 화장을 한다/
거울 속 날씬한 피에로/ 한껏 흡족한 미소를 짓다가//
돌연 무디어진 이성의 칼날 빼어들곤/ 웃음 뒤 가려진 마음 밑바닥을 헤집는다/
곧 사라지고 말 허영과 위선 화끈거리는 가식으로 포장한/
다이어트되지 않은 삶의 군더더기 탄식처럼 달려 나온다/
아프다//
아!/ 나는 보여지는 부분만을/ 덜어내려 그토록 안달이었구나(키치적 인간 키치적 인간)/
내면에서 속삭이는 목소리/ 애써 외면한 채//
아무도 간섭할 수 없고 나만이 허락하여/ 거짓을 깎아내고 내면의 순수한 영혼을/
붙잡을 용기가 나에겐 없는 걸까/ 너무 멀리 와 버린 건 아닐까/
돌아갈 수는 있는 걸까/ 피에로의 얼굴에 눈물 번진다
 - 〈피에로의 눈물〉 전문

창백하던 달의 놀이터/ 길 건너 낯선 땅/ 오늘은 화창하고 눈이 부신 날/
꽃이 피누나/ 꽃이 지누나/ 꽃이 피고 지고를 같이 하는

꽃밭에/

한참을 서있다//

인생길 걷다가 걷다가 삶이 멈춰 선 곳/ 어제 우린 죽었고 오늘 우린 살았다/

산 자와 죽은 자의 숨결이 한 공간에서 만나/ 이승에서의 끝자락과/

저세상 넘어가는 곳 어디쯤에서/ 이마를 맞대고 같이 웃고 떠들며/

서로에게 묻는다// 잘 있제?/ 거기서 편안하제?//

눈물 나도록 아름다운 세상/ 허무와 슬픔도 곧 뒤따를 지니/ 그대여/

극에 달하는 즐거움과 더할 수 없는 슬픔은/ 한 끗 차이인 것을/

밤이 낮이 되고 낮이 밤으로 되돌아가는 곳//

휘리릭 한줄기 바람이 경계를 흐트러 뜨려도/ 하얀 나비 한 마리 나풀나풀/

닿을 듯 닿을 듯 이승과 저승의 경계를/ 자유로이 넘나드는데

— 〈이승과 저승의 경계에 서서〉 전문

4.

시를 쓴다는 일은 부단한 자기발견과 자기향상의 과정이다. 김현숙 시인은 시인이 지녀야 할 자질로서 시적 언어의 형상화는 물론, 사물과 세계에 대한 내면화를 통해 일관되게 삶의 의미를 묻고 답하는 자기만의 방식을

견지하고 있다. 나아가 대상에 대한 포용력과 현상을 인식하고 내적 순화를 통해 주제의 의미를 해석하고 표현하는 서사와 서정적 능력 또한 함께 지니고 있다.

이 점, 앞으로 김현숙 시인이 좋은 시인이 되리라는 기대를 갖도록 하기에 추호도 의심의 여지가 없다 하겠다. 젊은 날 문학을 전공하였고, 이미 오랜 습작활동을 통해 학습한 탄탄한 문장력과 시적 메타포 그리고 대상에 대한 끊임없는 사유와 관찰력이 이를 뒷받침하고 있기에 그렇다. 더욱이 시인 자신이 '내 모든 글의 모토는 사랑 그리고 그리움이다. 앞으로도 나는 자연 속에서 날것의 솔직한 감성으로 미친 그리움을 표현해내고 싶다'는 속내를 드러내고 있다.

시인의 앞날이 크게 기대되며, 더욱 정진하시어 독자들로부터 유년과 자연과 절대자를 향한 그리움을 노래하는 멋진 시인이 되기를 진심으로 성원해 마지않는다.